MÁRCIA TEREZINHA CESAR MINÉ GERALDO

RESGATE HISTÓRICO DE MARIA DE NAZARÉ

Panorama social, familiar e religioso

COLEÇÃO ESCOLA DE MARIA
4

EDITORA
SANTUÁRIO

DIREÇÃO EDITORIAL:
Pe. Fábio Evaristo R. Silva, C.Ss.R.

CONSELHO EDITORIAL:
Ferdinando Mancilio, C.Ss.R.
Gilberto Paiva, C.Ss.R.
José Uilson Inácio Soares Júnior, C.Ss.R.
Marcelo da Rosa Magalhães, C.Ss.R.
Mauro Vilela, C.Ss.R.
Victor Hugo Lapenta, C.Ss.R.

COORDENAÇÃO EDITORIAL E REVISÃO:
Ana Lúcia de Castro Leite

DIAGRAMAÇÃO:
Bruno Olivoto

CAPA:
Núcleo de Criação do Santuário Nacional

Dados Internacionais de Catalogação na Publicação (CIP) de acordo com ISBD

G354r   Geraldo, Márcia Terezinha Cesar Miné

           Resgate histórico de Maria de Nazaré: panorama social, familiar e religioso / Márcia Terezinha Cesar Miné Geraldo. - Aparecida, SP: Editora Santuário, 2020.

           32 p. : il. ; 14cm x 21cm.

           ISBN: 978-85-369-0621-8

           1. Cristianismo. 2. Maria de Nazaré. I. Paizam, Lilian. II. Swedberg, Mark A. III. Jordão, Lukas. IV. Título.

2019-2180   CDD 240
                                                                    CDU 24

Elaborado por Vagner Rodolfo da Silva - CRB-8/9410

Índice para catálogo sistemático:
1. Religião : Cristianismo 240
2. Religião : Cristianismo 24

1ª impressão

Todos os direitos reservados à **EDITORA SANTUÁRIO** – 2020

Rua Pe. Claro Monteiro, 342 – 12570-000 – Aparecida-SP
Tel.: 12 3104-2000 – Televendas: 0800 - 16 00 04
www.editorasantuario.com.br
vendas@editorasantuario.com.br

INTRODUÇÃO

O que se pretende neste livro é uma aproximação da Vida de Maria de Nazaré, para compreender a realidade do cenário social, familiar e religioso de sua época, com o intuito de ampliar o entendimento sobre o mistério da Encarnação do Verbo de Deus. A aproximação à Palestina do século I tem como intuito contextualizar Maria em sua realidade histórica e existencial, para demonstrar a relação entre a história e o mistério em sua vida. Isso, para dizer que, na experiência de Maria, o cotidiano é justamente o lugar normal para o encontro com o Divino, pois ela nos ensina a viver no ordinário da vida humana o extraordinário da Presença de Deus. Mulher reflexiva que repassava os acontecimentos de cada dia em seu coração, repleto de fé e de amor, sua vida toda era de meditação amorosa e confiante em Deus. Maria estava inserida na sociedade e vivia de acordo com os costumes e com a mentalidade de sua época; por isso em nada foi diferente da realidade atual, e a vivência de sua fé não modificou sua vida como uma pessoa normal.

Nesse contexto é que acontece a Anunciação, que não retira Maria de sua realidade, pois é justamente em sua realidade existencial que ela dá seu *Fiat* e assume o compromisso de serva do Senhor. Escolhida por Deus, toda a sua existência é um itinerário de fé, um perseverar no total e radical abandono ao Deus vivo, deixando-se conduzir docilmente por Ele na obediência à sua Palavra. É essa fé viva e perseverante de Maria que abre acesso à profundeza teológica de seu Mistério: na fé a Virgem Maria está diante do Pai, como a lembrar o modo no qual o Filho eterno está junto de Deus (Jo 1,1). Eis a minha mãe e os meus irmãos! Quem faz a vontade de Deus, esse é meu irmão, irmã e mãe (Mc 3,34s).

O mistério da encarnação acontece na história de Maria. Não nega sua história, mas lhe dá um significado novo, uma dimensão diferente que não anula suas condições anteriores. A profundidade da atitude de fé de Maria estabelece entre ela e o seu Filho uma relação mais estreita que a própria maternidade física: ela foi a primeira e mais perfeita seguidora de seu filho Jesus, e em sua condição concreta de vida aderiu total e responsavelmente à vontade de Deus (cf. Lc 1,38). Ela recebe a Palavra e a põe em prática, e sua ação é animada na caridade do Espírito Santo e do serviço. Quando se enxerga esse vínculo espiritual entre Maria e seu Filho, enxerga-se também a eleição eterna que o Pai estabelece entre ela e seu Filho. Abre-se ao crente uma profundidade interior que lhe possibilita compreender que ambos os fatos são constitutivos de uma mesma realidade. "A Virgem é o objeto criado da complacência divina, a criatura que acolhe a iniciativa de Deus com receptividade pura e gratidão infinita e fecunda, a amada que obedece em tudo o querer do Eterno."

Assim, neste livro, procura-se mostrar a importância do resgate histórico de Maria de Nazaré para a teologia e para a religiosidade popular.

1. O PANORAMA HISTÓRICO DE MARIA DE NAZARÉ

Nos últimos anos, algumas pesquisas arqueológicas, históricas e literárias forneceram dados para possibilitar conhecer um pouco mais da Palestina do século I e as características da sociedade do tempo de Jesus. É possível afirmar, com certo grau de confiabilidade histórica, que Maria era uma mulher pobre que viveu a maior parte de sua vida na pequena cidade de Nazaré, mais precisamente na região norte da Palestina denominada Galileia. Em sua época, sofria as discriminações impostas às mulheres daquela região: pouco acesso aos espaços públicos para aprender a escrever e ler, restrição ao espaço privado da casa, alguns riscos de abandono no caso de viuvez. Como judia, Maria conhecia os preceitos da Torá e se autocompreendia à luz da Aliança com Javé, ouvia os relatos dos profetas, rezava os salmos, guiava sua existência pelos escritos sapienciais.

1.1. Maria de Nazaré mulher de fé

Na verdade, a vida da jovem de Nazaré não foi marcada por "grandes acontecimentos". Ao contrário, foi uma vida simples e dura, no ordinário do cotidiano. Partilhou a situação social humilde da maioria das mães daquele povo, situação que o texto bíblico chama de *tapienôsis* (Lc 1,48). Ela é essencialmente a mulher do dia a dia. Para traçar a real personalidade dessa filha de Israel, há que se conhecer um pouco do seu curso cotidiano e de seus trabalhos diários.

1.2. Estrutura familiar

Do ponto de vista da estrutura familiar, as pesquisas históricas mostram que os judeus viviam em clãs, famílias grandes que viviam sob o poder da figura masculina. Nesses clãs, os papéis do homem e da mulher eram bem definidos. Como acontecia em grande parte das famílias mediterrâneas, a mãe tinha domínio maior dentro de casa e estabelecia fortes laços com seus filhos.

Ela se levanta bem antes de clarear o dia (Mc 1,35; 16,2), são muitos os trabalhos domésticos e é preciso começar cedo. Naturalmente, seu primeiro pensamento é para o Eterno, como era de rotina e mandava a religião da Aliança. Havia o costume de pronunciar uma *berakhá* ou bênção por qualquer coisa pequena que perpassasse o cotidiano de todo o povo hebreu piedoso. *Baruch Adonai,* "Bendito seja o Senhor" por isso e por aquilo. Eram proferidos basicamente uma centena de *berakhot* por dia. Quem usasse alguma coisa sem antes dar graças ao Senhor era considerado um ladrão, um usurpador. Assim, Maria, tão logo abre os olhos, louva a Deus: "Bendito sejais vós, Eterno nosso Deus, rei do universo, que abris os olhos dos cegos". Ela levanta seus braços, murmurando: "Bendito sejais vós, Eterno nosso Deus, rei do universo, que desatais o que está ligado". Olha então para o filho Jesus e para o marido José, que logo mais também se levantarão. Aliás, como não iriam acordar? Como dormem todos no mesmo cômodo, praticamente um ao lado do outro, basta que um se levante, para que os demais também acordem (Lc 11,7).

1.3. O pátio comum do clã

O pátio na frente da casa é um lugar delimitado por meio de um muro baixo. Um pátio comum a quatro ou cinco famílias, todos parentes de José: família de Tiago, de José, de Judas e de Simão, os ditos irmãos de Jesus (Mc 6,3). Todos são de ascendência real davídica, a portadora das promessas messiânicas (Mt 1,1). Maria tem também parentas e parentes. Além de pelo menos uma irmã (Jo 19,25) e de uma prima, Isabel (Lc 1,36), ela tem em Nazaré algumas sobrinhas (Mt 13,56). Ela e seu filho Jesus estão integrados ao clã de seu marido, com o qual, no entanto, nem sempre vivem bem (Mc 3,20-21; Jo 7,5).

Pois bem, são esses parentes próximos, no máximo umas trinta pessoas, que frequentam o pátio coletivo, um lugar em que convive normalmente a família clânica. Nesse lugar Maria também realiza alguns trabalhos caseiros, e ali José trabalha em sua oficina. Encontram-se também nesse espaço alguns instrumentos de uso comum às outras casas: o forno do pão, o moinho doméstico de duas pedras, o pilão usado para esmagar olivas e a bacia para lavar as roupas. É igualmente no pátio que as visitas são recebidas. Por tudo isso, esse lugar se torna mais importante que a própria casa. De resto, a família de Maria, como a maioria das famílias do Oriente caloroso, gostava muito de viver ao ar livre.

A família biológica, pai, mãe, irmão, primos, sobrinho, cunhadas, controlavam seus membros de forma bem próxima. Mais importante que o indivíduo era o nome da família. Diante disso, é possível compreender a força do gesto de Jesus ao querer distinguir-se da tutela da família biológica e iniciar uma "nova família", baseada, não mais em laços sanguíneos, mas na adesão à causa do Reino de Deus e na prática da fraternidade entre pessoas iguais. "Minha mãe e meus irmãos são todos aqueles que fazem a vontade do Pai" (Mc 3,34). É possível imaginar o que significou também para Maria renunciar ao privilégio de mãe mediterrânea, que tinha controle sobre o filho no âmbito familiar, em seu lar, e se lançar publicamente no grupo dos seguidores de seu filho! Uma grande mudança: de educadora a discípula, de mãe a irmã mais velha.

1.4. Cotidiano de Maria

O pequeno menino Jesus, até os seus cinco anos de idade, vive todo o tempo junto de sua mãe, que o leva para todos os lugares aonde vai: à fonte, ao campo, à sinagoga. A fim de ficar com as mãos livres para o trabalho, Maria carregava seu bebê Jesus numa rede, às costas, como fazem as índias ainda nos dias de hoje. Como toda criança, o filho de Maria "cresce em sabedoria, estatura e graça", inclusive diante dos homens (Lc 2,7). O menino cresce e se diverte no pátio ou pelas ruelas da aldeia, brincando com outras crianças, especialmente com os meninos de seu clã e seus priminhos. Alguns gostam de brincar de casamento, outros preferem brincar de enterro, e dessas pequenas diferenças surgem os inevitáveis desentendimentos infantis (Mt 11,16-17).

Jesus é um menino obediente (Lc 2,43), embora de comportamentos surpreendentes (Lc 2,51): ele ajuda sua mãe nos trabalhos da casa, como buscar água, fazer o pão, rachar lenha, pôr frutas a secar ao sol, esmagar azeitonas na prensa doméstica, levar e trazer recados. E assim o menino vai crescendo. Um pouco mais crescido, auxilia o pai no trabalho da oficina, já se preparando para substituí-lo como carpinteiro (Mc 6,3). As crianças hebreias cuidam também da criação: tratam dos pombos nas gaiolas, das galinhas, dos gansos e patos. Já rapazinho, Jesus pode agora levar as ovelhas, as cabras e os cabritos para pastarem fora da vila (Jo 10,11-18).

Depois dos cinco anos, o menino Jesus passa para os cuidados do pai, que vai lhe ensinar a crescer. José, em primeiro lugar, vai lhe transmitir as coisas da religião: a História Sagrada (Sl 78,3-7), os Mandamentos (Dt 6,7), e também o sentido das festas (Dt 6,7). Os rabinos sentenciavam que se "deve cevar as crianças com a Lei, como o lavrador engorda o boi". O pai aproveita todas as ocasiões para dar as instruções a seu filho, em casa, andando pelas estradas, deitado ou em pé (Dt 6,7). Além da Torah, das orações dos Salmos e dos oráculos proféticos, José transmite ao filho também algumas tradições dos antigos (Mc 7,5). Depois da religião, José ensinava ao filho as artes do ofício de carpinteiro.

Eis então como transcorria a vida de Maria e seu filho Jesus. O cotidiano de Maria é a expressão mais acabada da economia normal do Mistério. Na experiência de Maria, o lugar normal do encontro com o Divino é justamente o cotidiano. Percebe-se que a iconografia cristã representou a Anunciação do anjo a Maria no momento em que ela se encontra ocupada com suas obrigações domésticas, seja fiando lã, seja tirando água da fonte, como se vê em certos ícones bizantinos. Maria sabia viver o ordinário do cotidiano de forma absolutamente extraordinária. Ela personalizava cada evento perguntando-se no fundo de seu coração o que o Senhor queria lhe dizer com aquela experiência do dia a dia. A misteriosa alquimia que Maria usava para transfigurar sua vida era a meditação amorosa e confiante. Era uma mulher reflexiva, repassava os acontecimentos de cada dia num coração impregnado de fé e de amor (Lc 1,19-51).

1.5. Vida de fé de Maria

Sua vida era no meio familiar, onde dominava o cotidiano. Um cotidiano que se contrapõe frontalmente ao carismático, ao fora do comum. Foi somente quando seu Filho saiu para seu ministério profético que se iniciou uma tensão dentro de sua parentela, vindo a tornar-se aguda. Ela, contudo, sabia viver seu cotidiano de forma carismática, e com seu jeito de ser, aprendeu também a ver no filho de seu ventre os traços do Mistério de Deus (Lc 8,21; 11,27-28). Ela também participou da expectativa de seu povo: a vinda de um Rei todo Poderoso. No entanto, teve que aos poucos ir mudando de ideia. A diferença é que, o que para os outros era tido como escândalo e motivo de rejeição, para ela era mistério, um mistério que a convidava cada vez mais a uma entrega na fé. Uma mulher que aprendeu a viver uma desapropriação radical do fruto de suas entranhas. Como mãe, sentiu toda a força do instinto materno protetor que deseja reter, e ao mesmo tempo vive toda a pulsão da vida que quer dar e entregar. Por isso, deixou serenamente seu filho seguir sua livre e única missão, oferecendo-se a Deus e ao mundo.

A vida de Maria parece uma espiral crescente na qual acontece um movimento contínuo e progressivo de ouvir, meditar e frutificar. Desse modo, vai se movimentando e aprendendo a crescer na fé, caminha e aprende um pouco mais, discretamente partilha suas descobertas e reelabora-as em um processo contínuo. Assim, a peregrina na fé vai se transformando em discípula de seu Filho, Jesus de Nazaré.

O mistério de Maria tem como pano de fundo o mistério de seu Filho Jesus. A mãe judia contracenava com seu filho em meio às monótonas e cansativas atividades domésticas de toda mulher pobre, e não deixava de pensar em seu filho e em seu destino. Jesus revelava-se uma pessoa absolutamente singular, já a partir do modo como fora concebido. Logo depois, quando se apresentou no Templo (Lc 2,29-35), com tanta segurança e autonomia, Maria não entendeu imediatamente a grandeza de sua vocação no mistério da salvação. Tudo foi acontecendo de maneira gradual e, graças a sua meditação constante, ela foi penetrando na missão central que Deus lhe tinha confiado no evento de salvação operado por seu Filho Jesus.

Maria nunca deixou de meditar, em seu coração, o sentido do Mistério salvífico que foi se desenrolando, primeiro em seu coração, por sua fé, depois em seu ventre materno e, por fim, bem diante de seus olhos. Com seu Filho e depois d'Ele, ela foi testemunhando a lógica da ação de Deus na história da salvação, ou seja, a exaltação dos humilhados. Por isso, a mulher mais humilde da história se tornou a mulher mais gloriosa.

Além disso, Maria de Nazaré permanece como símbolo insuperável da fé vivida e transfigurada no cotidiano da vida, como também é a imagem perfeita da Comunidade de fé, enquanto peregrina para o Reino glorioso nos caminhos deste mundo.

2. O MISTÉRIO DA ENCARNAÇÃO DO VERBO E O PAPEL DE MARIA

Maria é o lugar da vinda do nosso Salvador em dois sentidos. O primeiro deles, por seu "sim" à comunidade divina. Com seu *Fiat* ela torna visível no meio de nós Deus-comunidade de amor por intermédio de Jesus Cristo, que é o Filho de Deus e obra criadora do Espírito. O segundo, porque a corporeidade de Maria se torna lugar concreto da visibilidade de Jesus em três dimensões: na dimensão do Espírito que realiza em Maria a promessa messiânica do Antigo Testamento; na dimensão do mistério da encarnação que inicia em Maria os autênticos sinais da revelação do desígnio arcano do Pai (Rm 16,25-27); e, na dimensão da contemplação de Deus como comunidade de amor. Portanto, Maria antecipa para a comunidade a maternidade-paternidade divina já nesta Terra, em vista do reino definitivo.

2.1. Maria mulher do *Fiat*

Maria vive em Nazaré, uma pequena cidade da Galileia. Naquela época, a Palestina estava dividida em três regiões: a Judeia, ao sul, a Samaria, ao centro, e a Galileia, ao norte. Os que viviam na Judeia consideravam-se judeus mais piedosos, mais puros nos costumes e cumpridores das leis religiosas. A cidade de Jerusalém, na Judeia, era lugar das peregrinações, capital religiosa e grande centro econômico. Já os galileus não eram bem vistos, pois em sua região nasciam vários movimentos de libertação contra a opressão dos romanos. Os galileus tinham um sotaque tipicamente "caipira", que os identificava facilmente. Nazaré era uma cidade sem importância. Os chefes dos sacerdotes não acreditavam nos galileus e julgavam que de lá não poderia surgir nenhum profeta importante (Jo 7,52). Maria e José não eram ricos. O nascimento de Jesus se dá fora de Jerusalém, em Belém. Não encontraram lugar em nenhuma hospedaria para o nascimento de seu filho (Lc 2,7). Maria envolveu seu filho em panos e o deitou no lugar onde se alimenta o gado. Como se diz popularmente, "o menino Jesus não nasceu em berço de ouro" (Lc 2,12). Aqui se encontra o grande sinal, revelado aos pastores, de que nasceu o Salvador: "[...] encontrareis um recém-nascido, envolto em faixas e deitado numa manjedoura" (Lc 2,12).

2.2. "Alegra-te, cheia de graça!" (Lc 1,28)

A saudação angélica convoca Maria a alegrar-se porque a salvação chegou. A alegria de Deus é completa, Ele mesmo virá para alegrar suas criaturas (Sl 103,31). No Evangelho de Lucas, lê-se que o anjo Gabriel foi enviado a Nazaré, a uma virgem chamada Maria. O anjo não se dirige à Judeia, lugar da promessa, mas à *Galileia dos gentios* (Mt 4,25). Maria é a bem-aventurada, não apenas porque Deus realizou nela grandes coisas (Lc 1,49), mas porque ela acreditou (Lc 1,44). Do lado de Deus, que propõe e intervém miraculosamente (Lc 1,28.35),

14

do lado da Virgem, que se abre à Sua mensagem e à Sua ação, o acontecimento inaugural da redenção é integralmente puro, integralmente religioso. Aquela a quem Deus dirige Sua mensagem é santa: ela é a *kecharitomene* (Lc 1,28), o objeto de todas as complacências divinas. Seu estado é Santo: Ela é Virgem (Mt 1,18,23; Lc 1,27), a virgindade voluntária e votiva: "como se dará isso se não conheço homem algum?" (Mt 1,34) – a primeira célebre frase de Maria, que denota a personalidade de uma mulher madura que tem um projeto de vida a realizar. Na perícope da Anunciação do Senhor, Lucas mostra que por duas vezes Maria intervém para saber discernir o que lhe estava sendo proposto como chamado do Senhor (Lc 1,26-48). O evangelista traça a figura de Maria como sendo uma mulher que toma iniciativas diante das propostas de serviço que são feitas, uma mulher que pensa, questiona o que lhe é solicitado, que se indispõe com aquilo que não compreende por si mesma e, acima de tudo, uma mulher que sabe silenciar diante do mistério insondável da Palavra divina. Pela reflexão, a mulher de Nazaré busca penetrar o mistério da revelação divina que a surpreendeu. A perturbação de Maria e o espírito intrigado que ela demonstra são comportamentos próprios de toda pessoa que se dedica ao labor de perscrutar o sentido mais profundo da Palavra a partir da prática concreta na vida humana. Esses comportamentos correspondem à missão que cada mulher e cada homem realiza como serviço em meio ao povo de Deus, com o qual vivem os fatos e acontecimentos da história, com os quais partilham momentos altos e baixos do cotidiano existencial. Toda pessoa, que assim como Maria reflete os fatos da vida como revelação de Deus, tem como missão lançar luz sobre o cotidiano e avançar na caminhada de fé, por meio da reflexão e da penetração da Palavra e do mistério que a palavra traz consigo. A Palavra provoca em Maria a perturbação teológica, que deixa seu espírito intrigado como o mistério que tal palavra carrega consigo. Esse processo de discernimento desencadeia o desvelamento do mistério da atuação de Deus no meio de seu Povo e na vida de cada um que Nele crê. Partindo da realidade concreta, essa é a missão da mulher teóloga e do homem teólogo: perguntar sobre o sentido profundo da mensagem que a vida, os fatos e a história humana dão ao Deus Comunidade, que vem a se revelar a seu Povo por intermédio do homem e da mulher.

O que se entende por mistério de Maria? Trinta anos na vida de uma mãe e seu filho é muito tempo: são fatos, palavras, muitos silêncios, membros em crescimento, muito trabalho aprendido, muita entrega recíproca, necessidades confiadas e muitas outras vibrações inimagináveis. No entanto, o evangelho diz muito das relações entre Maria e Jesus e revela que ele se comportou com ela como normalmente se comportavam os filhos com suas mães no ambiente que era deles. Entre Jesus menino, adolescente, adulto e sua mãe Maria, houve um mistério de amor e de relação recíproca, mas desses trinta anos de convivência apenas um episódio é conhecido.

2.3. A serva do Senhor: ser livre-para

Maria dialoga com o enviado de Deus para conseguir discernir sobre as condições da concepção. Toda a estrutura da Anunciação é dialogal, e Maria aparece como autêntica parceira de Deus. A Virgem reflete em silêncio, pergunta, e enfim dá, sem titubeios, sua adesão. A segunda frase pronunciada por Maria ao anjo a revela como uma pessoa totalmente aberta ao diálogo e mostra que sabe objetar diante de certas situações pessoais. Após a explicação do Anjo – teofonia divina – assim ela responde ao seu interpelador: "Eu sou a serva do Senhor; faça-se em mim segundo tua palavra" (Lc 1,38).

Com seu *Fiat,* Maria dá início à plenitude do mistério da Encarnação que se faz presente nela e em toda espécie humana, por adoção. Maria acentua o serviço e o acolhimento da missão que nasce de tal serviço. Observa-se que o modo de ser de Deus na palavra atribuída a Maria é tipicamente o modo feminino de ser de Deus: Ele se dá a conhecer por meio do serviço que preside todo o processo de redenção humana e cósmica. Diante da proposta de Deus, Maria responde prontamente. Seu "sim" ecoa forte e sem dúvidas, repleto de generosidade. Totalmente disponível para Deus, Maria une a liberdade com a vontade: "Eis aqui a servidora do Senhor. Eu quero que se faça em mim segundo tua palavra" (Lc 1,37). Essa total entrega do coração a Deus tem um nome muito simples: *fé.* Isso significa arriscar-se e jogar-se nas mãos do Senhor com total confiança. Maria escutou a Palavra de Deus, acolheu-a em seu coração abrindo um espaço em seu interior, deixou Deus entrar. Saiu de si mesma e investiu toda a sua vida num grande projeto, aquele a que se sentiu chamada a participar. Com a Anunciação, ela inicia um longo caminho de peregrinação na fé, ao responder ao apelo de Deus, aceitando a proposta do Senhor com o coração aberto, num grande gesto de generosidade e de fé. Aqui, a liberdade de Maria não é mera expressão de autonomia e de autoafirmação. Se fosse assim, seria apenas livre-arbítrio, entendido como capacidade de escolha entre várias alternativas. Livre-arbítrio aqui supõe não estar submetido a um outro, como um escravo enquanto liberdade significa não estar escravizado aos próprios caprichos (ao "eu egoísta"), mas ao próprio querer real (ao "eu superior"). Essa última efetivamente é a liberdade que diz "sim".

Maria, na narrativa da anunciação, não está paralisada pela timidez; pelo contrário, ela é forte o bastante para se arriscar a crer em algo incrível a respeito de si mesma. "O Senhor está contigo" – com essa frase que revela sua experiência espiritual, ela consegue discernir a voz de Deus em sua vida, dando-lhe a missão de uma grande tarefa, e se compromete com coragem e liberdade para atender ao apelo divino. Colabora decisivamente, e sua escolha muda toda a sua vida e também a vida de toda a humanidade. Ela dever ser vista como pessoa autônoma, sensível e receptiva, corajosa e criativa, ao responder à divina missão que recebeu. Essa relação consigo mesma, que Maria viveu, implica que se viva em conformidade com aquilo que já se é por sua vocação fundamental de criatura criadora. Nunca se deve esquecer que a liberdade é um dom que encontra em Deus criador sua fonte e seu fundamento. A liberdade, porque é dom, tem necessidade da alteridade.

Liberdade é a capacidade de ser sujeito autônomo das próprias ações e responsável por elas diante do outro. Portanto, não há "sujeitos sociais", se não houver antes "sujeitos pessoais", e isso acontece porque sociedade é a expansão ontológica da pessoa, e não o contrário. As pessoas são essencialmente sociais, e a sociedade, por sua vez, é essencialmente sociedade de pessoas livres. Nesse sentido, a Virgem na Anunciação demonstra a força potencialmente criativa que se manifesta naquele que se abre à vontade de Deus. Maria entrega-se ao amor de Deus, que a acolhe. Ela é inteira em sua doação amorosa e se abre à Palavra sem hesitações e com exultação enorme no coração. Com total confiança lança-se nos braços do Senhor, num arrebatamento incontido. Maria de Nazaré era uma pessoa perfeitamente integrada e harmoniosa. Para aderir à vontade em tudo, a luta da jovem nazarena não foi menos exigente do que a de qualquer outra pessoa, muito pelo contrário. O peso da existência era para ela imensamente maior, visto que sua missão foi decisiva, no plano da redenção. Esse fardo, porém, tornou-se mais leve por causa da maior disposição interior com que submeteu seu colo ao "jugo de Cristo" (Mt 11,29-30). Sem dúvida, a Virgem de Nazaré foi uma pessoa privilegiada, singularíssima, única, infinitamente única. Mas nem por isso se tornou uma figura estranha, inalcançável, inimitável. Diante dos outros seres humanos, imperfeitos, pelo contrário, ela é a medida viva da perfeição. É de uma medida assim que os seres humanos precisam, para que possam crescer emocional e espiritualmente.

O aprofundamento do papel de Maria no plano salvífico de Deus incluía sua missão de mulher e profeta, aquela que se fez pobre com os pobres e que, junto a seu filho, se empenhou no projeto libertador de toda a humanidade. Somente a partir dessa perspectiva é que os cristãos podem compreender o comportamento e Maria, não só na perspectiva espiritual, mas também histórica, junto a seu povo e junto à comunidade cristã. Maria representa a realização plena do que a alma deseja no mais profundo de si mesma. Entre a humanidade e ela existe uma identificação profunda, que se revela nos sonhos mais secretos, nas decisões mais acertadas e no derradeiro destino.

3. A COMPREENSÃO DO MISTÉRIO DA ENCARNAÇÃO EM SEU CONTEXTO HISTÓRICO

O caminho de adesão e colaboração de Maria com o plano salvífico de Deus é iniciado por ela na Anunciação e tem seu ponto culminante em Pentecostes. Sua presença e participação solidária com a comunidade cristã que nascia é o sinal de sua entrega perseverante ao plano amoroso de Deus Uno e Trino, revelado e totalmente realizado em seu Filho Jesus Cristo. Sendo assim, o caminho percorrido por Maria na Anunciação até Pentecostes é um caminho pedagógico para a verdadeira experiência do Deus Uno e Trino.

A reflexão teológica contemporânea concentra-se na Mãe de Jesus, que também era sua discípula. Em parceria e fidelidade à ação do Espírito Santo, seu envolvimento pessoal no nascimento do Messias e sua fé duradoura em Deus ligam-na intimamente ao mistério da salvação do mundo. Maria é a mulher que fez a experiência única da consolação de Deus para estabelecer a Nova Aliança. Ela, de maneira singular e excepcional, fez a experiência da misericórdia, e também, de maneira única, tornou possível, com o sacrifício de seu coração, a própria participação da misericórdia divina.

No Concílio Vaticano II, a teologia concentrou-se em Maria de Nazaré para despojá-la das confusões e dos exageros que levaram a venerá-la quase como um ser divino para voltar a vê-la como um ser humano, criatura de Deus. É necessário encontrar novos meios e ultrapassar as delineações estritamente bíblicas de Maria e buscar, assim, compreender que a Maria Mãe de Jesus e a Maria aldeã de Nazaré, juntas, tornam-se verdades complementares.

3.1. Maternidade de Maria

Durante todo o período da história da salvação, Maria, ainda que prevista e profetizada ao longo dos séculos, desde o paraíso terrestre, apenas se torna realidade operante e eficiente no momento de seu *Fiat*, de seu consentimento expresso no evento salvífico da anunciação. Sua cooperação continua mesmo depois de sua assunção ao céu por meio de sua intercessão múltipla pela salvação de todos os irmãos de seu Filho Jesus. Porém, nenhuma cooperação sua deve ser entendida como salvação, que vai desde o momento da criação até a encarnação. Não existe nenhuma intervenção direta de Maria específica sobre a salvação do cosmo. Seja como Mãe, seja como sócia do Redentor, Maria cooperou verdadeiramente para que a humanidade fosse libertada da escravidão do pecado e pudesse abrir para si o caminho da salvação. Não obstante, sua contribuição e sua intercessão atual para a realização da salvação de toda a humanidade vão além; estendem-se a todas as formas existenciais de desenvolvimento e de promoção, antropológica, social, eclesial, que levam o homem a realizar-se integralmente como filho de Deus e a Igreja a concretizar-se como povo e família de Deus. Diante disso, a inclusão de Maria de Nazaré no mistério de seu filho Jesus, que é o mistério da Comunidade divina, tem origem em Deus (Cl 2,2-3). Significa que é Jesus Cristo quem revela para toda a humanidade, na ação do Espírito Santo, a chegada do Reino de Deus, que é essencialmente a salvação de todas as pessoas, sem distinção de raça e de nação.

Maria, como mãe do Messias, para a Comunidade divina não é apenas uma mulher que tem uma função; antes de tudo, é aquela pessoa que participa do mistério da encarnação, testemunhando o mesmo mistério e anunciando-o a toda a Igreja. Para a comunidade divina, Maria é uma mulher que desempenha muito mais que simples funções, é aquela que aceitou dizer SIM ao mistério da encarnação redentora, lugar onde todos os batizados se inserem pela graça, no mesmo mistério.

3.2. Família de Nazaré: Maria medita em seu coração junto com José

Maria e José estão inseridos na realidade de seu tempo: "Meu filho, por que agiste assim conosco? Vê, o teu pai e eu, nós te procuramos cheios de angústia" (Lc 2,48). Lucas, nesse episódio, apresenta Maria com seu marido José, conhecido como homem justo. A angústia em seu coração de mãe e de mulher não era somente dela; era igualmente sentida no coração de José. Ao se dirigir diretamente a seu filho Jesus, Maria apresenta-se como mãe e mulher casada e está, juntamente com seu esposo, à procura de seu filho.

Diante disso, é possível destacar o seguinte: primeiro, a participação de José é ativa nesse episódio; segundo, o pronome pessoal "nós" mostra a atuação direta e dinâmica do casal, um casal partilhando a vida a dois e seus contratempos.

José pode ter passado também por um momento de crise, diante da evidência da gravidez de Maria, mas sempre age buscando o bem, inspirado por Deus. Todo o conjunto dos acontecimentos que narram a atuação dos pais de Jesus traz uma densidade teológica mariana extraordinária. Maria e José assumem um comportamento juntos: o costume de reter em seu coração o que no momento não compreendem é um ato de fé (Mt 1,24). As atitudes e os gestos do filho Jesus, dos quais os pais participam ativamente, estão repletos de revelação para o casal. Eles acolhem com inteligência o sentido profundo dos acontecimentos, que perpassam por sua memória, por seus sentimentos, pensamentos e decisões. O discernimento da fé, a esperança, o amor às palavras, que ainda não são capazes de compreender, remetem-nos à experiência do mistério que tiveram no anúncio da encarnação (Mt 1,18-25).

No Mistério da encarnação Deus revela seu modo de ser com a humanidade, manifesta também a forma como motiva cada pessoa a realizar, em seu dia a dia, a missão originada no Mistério Trinitário. Maria e seu esposo José procuram o significado dos fatos e, a partir de uma experiência concreta à luz da fé, buscam os sinais históricos que chegam até eles como mistério. O nascimento que a maternidade humana e divina de Maria revela dá uma forma visível à ação do Espírito Santo que habita nela e se revela na pessoa de seu Filho Jesus. Um nascimento novo, que não exclui a contribuição humana e que se realiza, sobretudo, pela força do Espírito de Deus, que ultrapassa a dimensão humana de Maria para que seu filho possa assumir sua natureza divina. Nesse sentido, Maria, como mulher, supera a realidade de mulher histórica para abrir-se à dimensão universal de ser a mulher de fé, a mulher da esperança, de amor de mãe que se abre à dimensão universal de toda a humanidade.

3.3. A Virgem do Magnificat: a Igreja dos pobres

No *Magnificat*, a jovem filha de Sião proclama a misericórdia de Deus (Lc 1,50) e se faz porta-voz do pequeno resto de Israel que aguarda a chegada do Consolador (Lc 2,25). Ela celebra a fidelidade de Deus ao estabelecer uma Nova Aliança, que se concretiza em Cristo esperado desde sempre. Nos versos do *Magnificat*, Maria de Nazaré atinge a profundidade do coração de Deus. Ela está unida a toda a Israel e se sente profundamente envolvida pela misericórdia que está vinculada ao vocábulo consolação. É um cântico de louvor, como o de Ana, mãe de Samuel (1Sm 1), que era estéril e recebera a graça de um filho. Maria é a Virgem que será mãe. O *Magnificat* canta a alegria de quem reconhece a ação de Deus a seu favor. É a alegria de quem escuta o seu Senhor, um louvor pessoal, social e cósmico. Maria canta a salvação que virá para cada ser humano, para todas as nações e para a criação inteira. O canto do *Magnificat* revela a espiritualidade da mãe de Jesus. Ela glorifica o Senhor com todo o seu ser, porque Deus, o salvador, colocou seu olhar consolador sobre a pobreza de sua serva e realizou nela grandes coisas. É uma mística que se orienta pelo seguimento de Jesus. A pessoa de fé que vive essa mística comprometida consegue penetrar nas realidades terrestres com a mesma fé de Jesus Cristo e de Maria no *Mag-*

nificat. Chama-se de mística essa força interior que, orientada pelo seguimento de Jesus Cristo, transforma as pessoas, as comunidades e as estruturas do tempo presente em vista de um futuro humano promissor de solidariedade.

O *Magnificat* aparece, pois, como um salmo pessoal e ao mesmo tempo comunitário. Esse processo de identificação continua ainda hoje, como declara São João Paulo II: "O Cântico do Magnificat [...] não cessa de vibrar no coração da Igreja". Maria continua a proclamar seu louvor pela voz de toda a Igreja em prece, e a Igreja proclama sua fé, gratidão e alegria com as palavras e consentimento de Maria. O Magnificat é, nas palavras de Paulo VI, a prece de toda a Igreja em todos os tempos. Essa identificação não é apenas psicológica, moral ou meramente espiritual; é profundamente teológica. Maria é a personificação da Igreja, seu *typus* ontológico, moral e escatológico.

A Virgem do *Magnificat* é a Igreja, sim, e, de modo especial, a "Igreja dos pobres". Isso já se revela na própria história do cântico que foi proclamado por uma "humilde Serva", ecoou em seguida nas dores e na esperança dos pobres e dos perseguidos da Igreja primitiva e ainda hoje é recitado, com sua entonação própria, pelo povo dos pequeninos de Cristo.

Para concluir, o *Magnificat* apresenta Maria como a mulher toda aberta para Deus e com consciência da história, da luta e esperança de seu povo. Seu coração aberto para Deus faz dela uma pessoa alegre, cheia de vida e solidária com o povo sofrido. Maria inspira a todos com um jeito de ser cristão atual, de cidadania planetária. Ela abre uma trilha nova e desafiadora, para integrar mística e consciência histórica, espiritualidade e compromisso socioambiental.

3.4. Maria, mulher discípula

Maria representa o Israel messiânico participante das Bodas da Nova Aliança, do banquete messiânico, da nova criação a partir da morte e ressurreição de Jesus. Mulher com valor e importância na comunidade do "discípulo amado" por sua função evangelizadora. Mãe-discípula, que estimula e aponta Jesus, convidando todos a se fazerem servos e discípulos. Mulher de fé, firmeza e perseverança ante as crises. Mulher que participa da vida pública de Jesus. Mulher presente que reúne e une todos ao redor de Jesus. Mulher que vê a substituição dos rituais com água da purificação das talhas de pedra para vinho, que remete ao vinho da Ceia. Maria é a pessoa atenta às necessidades das pessoas, movida pela bondade e amor. Percebe os detalhes e é solícita para responder a quem precisa. Maria é pedagoga, conduz Jesus ao seio da comunidade. Ela é mãe da festa, da alegria reconquistada e compartilhada.

Maria é ícone da Igreja, aquela que coopera com os discípulos em todas as etapas do cristianismo. Sua presença materna revela receptividade ativa e fecundidade. Na mãe de Deus ocorre a valorização efetiva da presença criativa da mulher, imprescindível na comunidade-Igreja. A Virgem Maria foi a criatura humana que viveu plenamente na fidelidade ao Senhor. Ela foi capaz de colaborar com ele por meio do seu *Fiat*. Aquela que gerou o Messias para o mundo é também Mãe da esperança e causa de alegria para todos que esperam o Reino definitivo. Sua principal missão é tornar os ressuscitados herdeiros do Reino do Pai, anunciado por seu Filho Jesus Cristo e revelado no Espírito. Cada vez que Maria acolhe súplicas e louvores da humanidade, ela exerce sua maternidade pascal em vista da grande conformação de todos a Cristo.

CONCLUSÃO

Qual a importância do resgate histórico para a teologia? Sem revelar as circunstâncias da vida de Maria em sua realidade histórica fica difícil compreender o seu *Fiat*. Neste artigo, o *Sim* de Maria foi contextualizado desvelando sua realidade e força histórica, pois acontece em seu cotidiano em nazaré. Isso demonstra a realidade do Mistério da encarnação em Maria, mulher que experimentou o Mistério da encarnação de Deus, Aquele que vem sob o chão da vida cotidiana. Mulher que viveu a fé autêntica capaz de transfigurar a vida e dar um novo sentido para sua história, sempre confrontando em seu coração o mistério que se dava em seu ventre materno.

O resgate histórico de Maria é importante para a religiosidade popular. Isso porque o povo de Deus precisa seguir o exemplo de Maria, enxergar as suas virtudes e perceber a necessidade de viver a fé mariana em sua própria história, em sua situação, em seu dia a dia, em seus problemas, em suas festas, enfim, em sua realidade existencial concreta.

Para concluir, Maria percorreu, pela graça de Deus, este grande caminho que leva, desde o velho tempo da espera (a

maternidade de Israel), ao novo tempo da plenitude messiânica. "Quando chegou a plenitude dos tempos, enviou Deus o
seu Filho, nascido de uma mulher, nascido sob a Lei" (Gl 4,4).

Márcia Terezinha Cesar Miné Geraldo
Bacharel em Teologia pela Faculdade Dehoniana, Mestre em Teologia
Sistemática pela PUC-Rio e Especialista em Mariologia pela Faculdade
Dehoniana e Academia Marial de Aparecida, leiga, mãe, esposa e avó.

REFERÊNCIAS

ARON, Robert. *Così pregava l'ebreo*. Casale Monferrato: Marietti, 1982 (original francês: Paris, Ed. Grassetet Fraquelle, 1968).

BIBLIA Sagrada. Bíblia Jerusalém. São Paulo: Paulus, 2002.

BOFF, Clodovis. *O cotidiano de Maria de Nazaré*. São Paulo: Salesiana, 2009.

_____. *Mariologia Social. O significado da Virgem para a sociedade*. São Paulo: Paulus, 2006.

BOFF, Leonardo. *Saber cuidar. Ética do Humano – compaixão pela terra*. Petrópolis: Vozes, 1999.

BOFF, Lina. *Como tudo começou com Maria de Nazaré*. Rio de Janeiro: Letra Capital, 2016.

_____. *Maria na vida do povo, ensaios de mariologia na ótica latino-americana e caribenha*. São Paulo: Paulus, 2001.

BUCKER, Bárbara; BOFF, Lina; AVELAR, M. Carmem. *Maria e a Trindade*. São Paulo: Paulus, 2008.

BRUSTOLIN, A. Leomar. *Eis tua mãe*. São Paulo: Paulinas, 2017.

CANTALAMESSA, Raniero. *Maria. Um espelho para a Igreja*. Aparecida: Santuário, 1992.

CONCÍLIO ECUMÊNICO VATICANO II. *Constituição Dogmática "Lumen Gentium" sobre a Igreja*, São Paulo: Paulus, 1997.

COYLE, Kathleen. *Maria plena de Deus e tão nossa*. São Paulo: Paulus, 2012.

DE FIORES, Stefano; MEO, Salvatore (org.). *Dicionário de Mariologia*. São Paulo: Paulus, 1995.

FORTE, Bruno. *Maria, mulher ícone do mistério*. São Paulo: Paulinas, 1991.

GARCIA RUBIO, Alfonso. *O Humano Integrado, abordagens de antropologia teológica*. Petrópolis: Vozes, 2007.

JOÃO PAULO II. *Carta Encíclica "Redemptoris Mater"*. São Paulo: Loyola, 1979.

_____. *Carta Encíclica "Dives in misericordie"*. São Paulo: Loyola, 1980.

MURAD, Afonso. *Maria Toda de Deus e Tão humana*. Compêndio de Mariologia. São Paulo: Paulinas, 2012.

PAULO VI. *Carta Encíclica "Marialis Cultus"*. São Paulo: Loyola, 1987.

ROSA, Luiz. *Glossário de palavras hebraicas*. Disponível em: <http://www.abiblia.org/ver.php?id=1271>. Acesso em: 16 de abril de 2017.

_____. *Qual o significado da Palavra Torá?* Disponível em: < http://www.abiblia.org/ver.php?id=3116>. Acesso em: 16 de abril de 2017.

Tomás de Aquino. *Suma Teológica*, I, q. 83, a. 3: sobre a electio como ato próprio do livre-arbítrio; e III, q. a. 4: sobre Cristo como possuidor do livre-arbítrio.

UNIÃO MARISTA DO BRASIL. *Maria no coração da igreja. Múltiplos olhares sobre a Mariologia*. São Paulo: Paulinas, 2011.

ÍNDICE

Introdução..3

1. O Panorama histórico de Maria de Nazaré............5
  1.1. Maria de Nazaré mulher de fé.........................5
  1.2. Estrutura familiar..6
  1.3. O pátio comum do clã...................................7
  1.4. Cotidiano de Maria......................................8
  1.5. Vida de fé de Maria....................................10

**2. O mistério da encarnação do
Verbo e o papel de Maria**...................................13
  2.1. Maria mulher do *Fiat*.................................13
  2.2. "Alegra-te, cheia de graça!" (Lc 1,28).............14
  2.3. A serva do Senhor: ser livre-para..................16

**3. A compreensão do mistério da encarnação
em seu contexto histórico**..................................21
  3.1. Maternidade de Maria................................22
  3.2. Família de Nazaré: Maria medita em
    seu coração junto com José.........................23
  3.3. A Virgem do Magnificat: a Igreja dos pobres.....25
  3.4. Maria, mulher discípula.............................27

Conclusão...28
Referências..30